www.ingramcontent.com/pod-product-compliance
Lightning Source LLC
Chambersburg PA
CBHW052037280526
45791CB00010B/2998
* 9 7 8 1 0 7 3 0 3 3 3 8 6 *